国家科学技术奖励条例

中国法制出版社

国家科学技术奖励条例
GUOJIA KEXUE JISHU JIANGLI TIAOLI

经销/新华书店
印刷/保定市中画美凯印刷有限公司

开本/850 毫米×1168 毫米　32 开	印张/0.625　字数/7 千
版次/2024 年 6 月第 1 版	2024 年 6 月第 1 次印刷

中国法制出版社出版
书号 ISBN 978-7-5216-4541-5　　　　　　　　　　　定价：5.00 元

北京市西城区西便门西里甲 16 号西便门办公区
邮政编码：100053　　　　　　　　　　　传真：010-63141600
网址：http://www.zgfzs.com　　　编辑部电话：010-63141673
市场营销部电话：010-63141612　　印务部电话：010-63141606

（如有印装质量问题，请与本社印务部联系。）

2024年最新修订

国家科学技术奖励条例

中国法制出版社

目　　录

中华人民共和国国务院令（第 782 号）　………（1）
国务院关于修改《国家科学技术奖励条例》
　的决定　………………………………………（2）
国家科学技术奖励条例　………………………（5）

中华人民共和国国务院令

第 782 号

《国务院关于修改〈国家科学技术奖励条例〉的决定》已经 2024 年 5 月 11 日国务院第 32 次常务会议通过，现予公布，自公布之日起施行。

总理　　李强

2024 年 5 月 26 日

国务院关于修改
《国家科学技术奖励条例》的决定

国务院决定对《国家科学技术奖励条例》作如下修改：

一、将第二条修改为："国家设立下列国家科学技术奖：

"（一）国家最高科学技术奖；

"（二）国家自然科学奖；

"（三）国家技术发明奖；

"（四）国家科学技术进步奖；

"（五）中华人民共和国国际科学技术合作奖。"

二、将第三条修改为："国家科学技术奖应当坚持国家战略导向，与国家重大战略需要和中长期科技发展规划紧密结合。国家加大对自然科学基础研究和应用基础研究的奖励。国家自然科学奖应当注重前瞻性、理论性，国家技术发明奖应当注重原创性、实用性，国家科学技术进步奖应当注重创新性、效益性。"

三、将第四条修改为:"国家科学技术奖励工作坚持党中央集中统一领导,实施创新驱动发展战略,贯彻尊重劳动、尊重知识、尊重人才、尊重创造的方针,培育和践行社会主义核心价值观。

"国家科学技术奖励工作重大事项,应当按照有关规定报党中央。"

四、将第七条第二款修改为:"国家科学技术奖励委员会的组成人员人选由国务院科学技术行政部门提出,报党中央、国务院批准。"

五、将第二十一条修改为:"国务院科学技术行政部门对国家科学技术奖励委员会作出的各奖种获奖者和奖励等级的决议进行审核,报党中央、国务院批准。"

六、将第二十二条第二款修改为:"国家自然科学奖、国家技术发明奖、国家科学技术进步奖颁发证书和奖金。"

第三款修改为:"中华人民共和国国际科学技术合作奖颁发奖章和证书。"

七、将第二十五条第一款修改为:"国家最高科学技术奖的奖金数额由国务院科学技术行政部门会同财政部门提出,报党中央、国务院批准。"

八、将第三十条修改为:"获奖者剽窃、侵占他人的发现、发明或者其他科学技术成果的,或者以其他不正当手段骗取国家科学技术奖的,由国务院科学技术行政部门报党中央、国务院批准后撤销奖励,追回奖章、证书和奖金,并由所在单位或者有关部门依法给予处分。"

本决定自公布之日起施行。

《国家科学技术奖励条例》根据本决定作相应修改,重新公布。

国家科学技术奖励条例

（1999年5月23日中华人民共和国国务院令第265号发布　根据2003年12月20日《国务院关于修改〈国家科学技术奖励条例〉的决定》第一次修订　根据2013年7月18日《国务院关于废止和修改部分行政法规的决定》第二次修订　2020年10月7日中华人民共和国国务院令第731号第三次修订　根据2024年5月26日《国务院关于修改〈国家科学技术奖励条例〉的决定》第四次修订）

第一章　总　　则

第一条　为了奖励在科学技术进步活动中做出突出贡献的个人、组织，调动科学技术工作者的积极性和创造性，建设创新型国家和世界科技强国，根据《中华人民共和国科学技术进步法》，制定本条例。

第二条　国家设立下列国家科学技术奖：

（一）国家最高科学技术奖；

（二）国家自然科学奖；

（三）国家技术发明奖；

（四）国家科学技术进步奖；

（五）中华人民共和国国际科学技术合作奖。

第三条 国家科学技术奖应当坚持国家战略导向，与国家重大战略需要和中长期科技发展规划紧密结合。国家加大对自然科学基础研究和应用基础研究的奖励。国家自然科学奖应当注重前瞻性、理论性，国家技术发明奖应当注重原创性、实用性，国家科学技术进步奖应当注重创新性、效益性。

第四条 国家科学技术奖励工作坚持党中央集中统一领导，实施创新驱动发展战略，贯彻尊重劳动、尊重知识、尊重人才、尊重创造的方针，培育和践行社会主义核心价值观。

国家科学技术奖励工作重大事项，应当按照有关规定报党中央。

第五条 国家维护国家科学技术奖的公正性、严肃性、权威性和荣誉性，将国家科学技术奖授予追求真理、潜心研究、学有所长、研有所专、敢于超越、勇攀高峰的科技工作者。

国家科学技术奖的提名、评审和授予，不受任何组织或者个人干涉。

第六条 国务院科学技术行政部门负责国家科学技术奖的相关办法制定和评审活动的组织工作。对涉及国家安全的项目，应当采取严格的保密措施。

国家科学技术奖励应当实施绩效管理。

第七条 国家设立国家科学技术奖励委员会。国家科学技术奖励委员会聘请有关方面的专家、学者等组成评审委员会和监督委员会，负责国家科学技术奖的评审和监督工作。

国家科学技术奖励委员会的组成人员人选由国务院科学技术行政部门提出，报党中央、国务院批准。

第二章 国家科学技术奖的设置

第八条 国家最高科学技术奖授予下列中国公民：

（一）在当代科学技术前沿取得重大突破或者在科学技术发展中有卓越建树的；

（二）在科学技术创新、科学技术成果转化和高技术产业化中，创造巨大经济效益、社会效益、生态环境效益或者对维护国家安全做出巨大贡献的。

国家最高科学技术奖不分等级，每次授予人数不超过2名。

第九条　国家自然科学奖授予在基础研究和应用基础研究中阐明自然现象、特征和规律，做出重大科学发现的个人。

前款所称重大科学发现，应当具备下列条件：

（一）前人尚未发现或者尚未阐明；

（二）具有重大科学价值；

（三）得到国内外自然科学界公认。

第十条　国家技术发明奖授予运用科学技术知识做出产品、工艺、材料、器件及其系统等重大技术发明的个人。

前款所称重大技术发明，应当具备下列条件：

（一）前人尚未发明或者尚未公开；

（二）具有先进性、创造性、实用性；

（三）经实施，创造显著经济效益、社会效益、生态环境效益或者对维护国家安全做出显著贡献，且具有良好的应用前景。

第十一条　国家科学技术进步奖授予完成和应用推广创新性科学技术成果，为推动科学技术进步和经济社会发展做出突出贡献的个人、组织。

前款所称创新性科学技术成果，应当具备下列条件：

（一）技术创新性突出，技术经济指标先进；

（二）经应用推广，创造显著经济效益、社会效益、生态环境效益或者对维护国家安全做出显著贡献；

（三）在推动行业科学技术进步等方面有重大贡献。

第十二条　国家自然科学奖、国家技术发明奖、国家科学技术进步奖分为一等奖、二等奖2个等级；对做出特别重大的科学发现、技术发明或者创新性科学技术成果的，可以授予特等奖。

第十三条　中华人民共和国国际科学技术合作奖授予对中国科学技术事业做出重要贡献的下列外国人或者外国组织：

（一）同中国的公民或者组织合作研究、开发，取得重大科学技术成果的；

（二）向中国的公民或者组织传授先进科学技术、培养人才，成效特别显著的；

（三）为促进中国与外国的国际科学技术交流与合作，做出重要贡献的。

中华人民共和国国际科学技术合作奖不分等级。

第三章　国家科学技术奖的提名、评审和授予

第十四条　国家科学技术奖实行提名制度，不受理自荐。候选者由下列单位或者个人提名：

（一）符合国务院科学技术行政部门规定的资格条件的专家、学者、组织机构；

（二）中央和国家机关有关部门，中央军事委员会科学技术部门，省、自治区、直辖市、计划单列市人民政府。

香港特别行政区、澳门特别行政区、台湾地区的有关个人、组织的提名资格条件，由国务院科学技术行政部门规定。

中华人民共和国驻外使馆、领馆可以提名中华人民共和国国际科学技术合作奖的候选者。

第十五条　提名者应当严格按照提名办法提名，提供提名材料，对材料的真实性和准确性负责，并按照规定承担相应责任。

提名办法由国务院科学技术行政部门制定。

第十六条　在科学技术活动中有下列情形之一的，相关个人、组织不得被提名或者授予国家科学技术奖：

（一）危害国家安全、损害社会公共利益、危害人体健康、违反伦理道德的；

（二）有科研不端行为，按照国家有关规定被禁止参与国家科学技术奖励活动的；

（三）有国务院科学技术行政部门规定的其他情形的。

第十七条 国务院科学技术行政部门应当建立覆盖各学科、各领域的评审专家库，并及时更新。评审专家应当精通所从事学科、领域的专业知识，具有较高的学术水平和良好的科学道德。

第十八条 评审活动应当坚持公开、公平、公正的原则。评审专家与候选者有重大利害关系，可能影响评审公平、公正的，应当回避。

评审委员会的评审委员和参与评审活动的评审专家应当遵守评审工作纪律，不得有利用评审委员、评审专家身份牟取利益或者与其他评审委员、评审专家串通表决等可能影响评审公平、公正的行为。

评审办法由国务院科学技术行政部门制定。

第十九条 评审委员会设立评审组进行初评，评审组负责提出初评建议并提交评审委员会。

参与初评的评审专家从评审专家库中抽取产生。

第二十条 评审委员会根据相关办法对初评建议进行评审，并向国家科学技术奖励委员会提出各奖种获奖者和奖励等级的建议。

监督委员会根据相关办法对提名、评审和异议处理工作全程进行监督，并向国家科学技术奖励委员会报告监督情况。

国家科学技术奖励委员会根据评审委员会的建议和监督委员会的报告，作出各奖种获奖者和奖励等级的决议。

第二十一条 国务院科学技术行政部门对国家科学技术奖励委员会作出的各奖种获奖者和奖励等级的决议进行审核，报党中央、国务院批准。

第二十二条 国家最高科学技术奖报请国家主席签署并颁发奖章、证书和奖金。

国家自然科学奖、国家技术发明奖、国家科学技术进步奖颁发证书和奖金。

中华人民共和国国际科学技术合作奖颁发奖章和证书。

第二十三条 国家科学技术奖提名和评审的办法、奖励总数、奖励结果等信息应当向社会公布，接受社会监督。

涉及国家安全的保密项目，应当严格遵守国家保密法律法规的有关规定，加强项目内容的保密管理，在适当范围内公布。

第二十四条 国家科学技术奖励工作实行科研诚信审核制度。国务院科学技术行政部门负责建立提名专家、学者、组织机构和评审委员、评审专家、候选者的科研诚信严重失信行为数据库。

禁止任何个人、组织进行可能影响国家科学技术奖提名和评审公平、公正的活动。

第二十五条 国家最高科学技术奖的奖金数额由国务院科学技术行政部门会同财政部门提出，报党中央、国务院批准。

国家自然科学奖、国家技术发明奖、国家科学技术进步奖的奖金数额由国务院科学技术行政部门会同财政部门规定。

国家科学技术奖的奖励经费列入中央预算。

第二十六条 宣传国家科学技术奖获奖者的突出贡献和创新精神，应当遵守法律法规的规定，做到安全、保密、适度、严谨。

第二十七条 禁止使用国家科学技术奖名义牟取不正当利益。

第四章　法律责任

第二十八条 候选者进行可能影响国家科学技术奖提名和评审公平、公正的活动的，由国务院科学技术行政部门给予通报批评，取消其参评资格，并由所在单位或者有关部门依法给予处分。

其他个人或者组织进行可能影响国家科学技术奖提名和评审公平、公正的活动的，由国务院科学技术行政部门给予通报批评；相关候选者有责任的，取消其参评资格。

第二十九条 评审委员、评审专家违反国家科学技术奖评审工作纪律的，由国务院科学技术行政部门取消其评审委员、评审专家资格，并由所在单位或者有关部门依法给予处分。

第三十条 获奖者剽窃、侵占他人的发现、发明或者其他科学技术成果的，或者以其他不正当手段骗取国家科学技术奖的，由国务院科学技术行政部门报党中央、国务院批准后撤销奖励，追回奖章、证书和奖金，并由所在单位或者有关部门依法给予处分。

第三十一条 提名专家、学者、组织机构提供虚假数据、材料，协助他人骗取国家科学技术奖的，由国务院科学技术行政部门给予通报批评；情节严重的，暂停或者取消其提名资格，并由所在单位或者有关部门依法给予处分。

第三十二条 违反本条例第二十七条规定的，由有关部门依照相关法律、行政法规的规定予以查处。

第三十三条 对违反本条例规定，有科研诚信严重失信行为的个人、组织，记入科研诚信严重失信行为数据库，并共享至全国信用信息共享平台，按照国家有关规定实施联合惩戒。

第三十四条 国家科学技术奖的候选者、获奖者、评审委员、评审专家和提名专家、学者涉嫌违反其他法律、行政法规的，国务院科学技术行政部门应当通报有关部门依法予以处理。

第三十五条 参与国家科学技术奖评审组织工作的人员在评审活动中滥用职权、玩忽职守、徇私舞弊的，依法给予处分；构成犯罪的，依法追究刑事责任。

第五章 附 则

第三十六条 有关部门根据国家安全领域的特殊

情况，可以设立部级科学技术奖；省、自治区、直辖市、计划单列市人民政府可以设立一项省级科学技术奖。具体办法由设奖部门或者地方人民政府制定，并报国务院科学技术行政部门及有关单位备案。

设立省部级科学技术奖，应当按照精简原则，严格控制奖励数量，提高奖励质量，优化奖励程序。其他国家机关、群众团体，以及参照公务员法管理的事业单位，不得设立科学技术奖。

第三十七条 国家鼓励社会力量设立科学技术奖。社会力量设立科学技术奖的，在奖励活动中不得收取任何费用。

国务院科学技术行政部门应当对社会力量设立科学技术奖的有关活动进行指导服务和监督管理，并制定具体办法。

第三十八条 本条例自2020年12月1日起施行。

ISBN 978-7-5216-4541-5

定价：5.00元